COTTURA A BASSA TEMPERATURA

2021

RICETTE GUSTOSE PER TUTTI I GIORNI

MADDALENA VERDINI

Sommario

Ali di pollo in agrodolce

Tempo di preparazione + cottura: 2 ore e 15 minuti | Porzioni: 2

ingredienti

12 ali di pollo

Sale e pepe nero qb

1 tazza di pollo fritto misto

½ tazza di acqua

½ tazza di salsa tamari

½ cipolla tritata

5 spicchi d'aglio, tritati

2 cucchiaini di zenzero in polvere

2 cucchiai di zucchero di canna

¼ di tazza di mirin

Semi di sesamo per guarnire

Impasto di amido di mais (mescolato 1 cucchiaio di amido di mais e 2 cucchiai di acqua)

Olio d'oliva per friggere

Indicazioni

Preparare un bagnomaria e inserire il Sous Vide. Impostato su 147 F.

Mettere le ali di pollo in un sacchetto sigillabile sottovuoto e condire con sale e pepe. Rilasciare l'aria con il metodo dello spostamento dell'acqua, sigillare e immergere la sacca nel bagnomaria. Cuocere per 2 ore. Una volta che il timer si è fermato, rimuovere la borsa. Riscaldare una padella con olio.

In una ciotola, unisci 1/2 tazza di miscela per frittura e 1/2 tazza d'acqua. Versare il resto della frittura in un'altra ciotola. Immergere le ali nella miscela umida, quindi nella miscela secca. Friggere per 1-2 minuti fino a quando non diventa croccante e dorato.

Per la salsa scaldare una casseruola e versarvi tutti gli ingredienti; cuocere fino a quando bolle. Mescola le ali. Aggiungere i semi di sesamo e servire.

Petti di Pollo degli Agrumi

Tempo di preparazione + cottura: 3 ore | Porzioni: 2

ingredienti

1 ½ cucchiaio di succo d'arancia appena spremuto

1 ½ cucchiaio di succo di limone appena spremuto

1 ½ cucchiaio di zucchero di canna

1 cucchiaio di Pernod

1 cucchiaio di olio d'oliva

1 cucchiaio di cereali integrali

1 cucchiaino di semi di sedano

Sale qb

¾ cucchiaino di pepe nero

2 petti di pollo, con osso, con la pelle

1 finocchio, mondato, affettato

2 clementine, non pelate e affettate

Aneto tritato

Indicazioni

Preparare un bagnomaria e inserire il Sous Vide. Impostato su 146 F.

Unire in una ciotola il succo di limone, il succo d'arancia, il Pernod, l'olio d'oliva, i semi di sedano, lo zucchero di canna, la senape, il sale e il pepe. Mescolare bene. Mettere il petto di pollo, le clementine a fettine e il finocchio a fettine in un sacchetto sigillabile sottovuoto. Aggiungi la miscela di arance. Rilasciare l'aria con il metodo dello spostamento dell'acqua, sigillare e immergere la sacca nel bagnomaria. Cuocere per 2 ore e 30 minuti. Una volta che il timer si è fermato, rimuovere la busta e trasferire il contenuto in una ciotola. Scolare il pollo e mettere il sugo di cottura in una casseruola riscaldata.

Cuocere per circa 5 minuti, fino a quando non bolle. Rimuovere e inserire nel pollo. Cuocere per 6 minuti fino a doratura. Servire il pollo su un piatto da portata e glassare con la salsa. Guarnire con aneto e fronde di finocchio.

Pollo ripieno di carciofi

Tempo di preparazione + cottura: 3 ore 15 minuti | Porzioni: 6

Ingredienti:

2 libbre di filetti di petto di pollo, tagliati a farfalla

½ tazza di spinaci baby tritati

8 spicchi d'aglio, schiacciati

10 cuori di carciofi

Sale e pepe bianco qb

4 cucchiai di olio d'oliva

Indicazioni:

Unisci carciofi, pepe e aglio in un robot da cucina. Frulla fino a ottenere un composto omogeneo. Frullare di nuovo e aggiungere gradualmente l'olio fino a quando non è ben incorporato.

Farcire ogni petto con la stessa quantità di miscela di carciofi e spinaci tritati. Ripiega il filetto di petto e fissa il bordo con uno spiedino di legno. Condire con sale e pepe bianco e trasferire in sacchetti separati sottovuoto. Sigillare i sacchetti e cuocere en Sous Vide per 3 ore a 149 F.

Involtino di pollo con pancetta croccante

Tempo di preparazione + cottura: 3 ore 15 minuti | Porzioni: 2

ingredienti

1 petto di pollo

2 strisce di pancetta

2 cucchiai di senape di Digione

1 cucchiaio di pecorino romano grattugiato

Indicazioni

Preparare un bagnomaria e inserire il Sous Vide. Impostare su 146 F. Unire il pollo con il sale. Marinata con senape di Digione su entrambi i lati. Completare con il pecorino romano e avvolgere la pancetta intorno al pollo.

Mettere in un sacchetto sigillabile sottovuoto. Rilasciare l'aria con il metodo dello spostamento dell'acqua, sigillare e immergere la sacca nel bagnomaria. Cuocere per 3 ore. Una volta che il timer si è fermato, rimuovere il pollo e asciugarlo. Riscaldare una padella a fuoco medio e rosolare fino a renderla croccante.

Pollo con pomodori secchi

Tempo di preparazione + cottura: 1 ora e 15 minuti | Porzioni: 3

Ingredienti:

Petti di pollo da 1 libbra, senza pelle e disossati

½ tazza di pomodori secchi

1 cucchiaino di miele crudo

2 cucchiai di succo di limone fresco

1 cucchiaio di menta fresca, tritata finemente

1 cucchiaio di scalogno tritato

1 cucchiaio di olio d'oliva

Sale e pepe nero qb

Indicazioni:

Sciacquare i petti di pollo sotto l'acqua corrente fredda e asciugarli tamponandoli con carta da cucina. Mettere da parte.

In una ciotola media, unisci succo di limone, miele, menta, scalogno, olio d'oliva, sale e pepe. Mescolare fino a incorporarli bene. Aggiungere i petti di pollo e i pomodori secchi. Agitare per ricoprire bene. Trasferire il tutto in un grande sacchetto sigillabile sottovuoto. Premere il sacchetto per rimuovere l'aria e sigillare il coperchio. Cuocere en Sous Vide per 1 ora a 167 F. Togliere dal bagnomaria e servire immediatamente.

Pollo alle verdure con salsa di soia.

Tempo di preparazione + cottura: 6 ore e 25 minuti | Porzioni: 4

ingredienti

1 pollo intero con osso, a traliccio

Brodo di pollo a basso contenuto di sodio da 1 litro

2 cucchiai di salsa di soia

5 rametti di salvia fresca

2 foglie di alloro essiccate

2 tazze di carote affettate

2 tazze di sedano affettato

½ oz di funghi secchi

3 cucchiai di burro

Indicazioni

Preparare un bagnomaria e inserire il Sous Vide. Impostato su 149 F.

Unisci la salsa di soia, il brodo di pollo, le erbe aromatiche, le verdure e il pollo. Mettere in un sacchetto sigillabile sottovuoto. Rilasciare l'aria con il metodo dello spostamento dell'acqua, sigillare e immergere la sacca nel bagnomaria. Cuocere per 6 ore.

Una volta che il timer si è fermato, rimuovere il pollo e scolare le verdure. Asciugare con una teglia da forno. Condite con olio d'oliva, sale e pepe. Riscaldare il forno a 450 F. e cuocere per 10 minuti. In una casseruola mescolate il sugo di cottura. Togliere dal fuoco e mescolare con il burro. Affetta il pollo senza pelle e condisci con sale kosher e pepe nero macinato. Servire in un piatto da portata. Completare con la salsa.

Insalata di pollo alla cinese con nocciole

Tempo di preparazione + cottura: 1 ora e 50 minuti | Porzioni: 4

ingredienti

4 grandi petti di pollo senza pelle e disossati

Sale e pepe nero qb

¼ di tazza di miele

¼ di tazza di salsa di soia

3 cucchiai di burro di arachidi, sciolto

3 cucchiai di olio di sesamo

2 cucchiai di olio vegetale

4 cucchiaini di aceto

½ cucchiaino di paprika affumicata

1 cespo di lattuga iceberg, spezzettata

3 scalogni, tritati

¼ di tazza di nocciole a scaglie, tostate

¼ di tazza di semi di sesamo, tostati

2 tazze di wonton a strisce

Indicazioni

Preparare un bagnomaria e inserire il Sous Vide. Impostato su 152 F.

Unisci il pollo con sale e pepe e mettilo in un sacchetto sigillabile sottovuoto. Rilasciare l'aria con il metodo dello spostamento dell'acqua, sigillare e immergere la sacca nel bagnomaria. Cuocere per 90 minuti.

Nel frattempo, unisci il miele, la salsa di soia, il burro di arachidi, l'olio di sesamo, l'olio vegetale, l'aceto e la paprika. Mescolare fino a che liscio. Lasciar raffreddare in frigo.

Una volta che il timer si è fermato, rimuovere il pollo e asciugarlo tamponando con carta da cucina. Scartare i succhi di cottura. Tagliate il pollo a fettine sottili e trasferitelo in un'insalatiera. Aggiungere la lattuga, lo scalogno e le nocciole. Completare con il condimento. Guarnire con semi di sesamo e strisce di wonton.

Pranzo di Pollo alla Paprika

Tempo di preparazione + cottura: 1 ora e 15 minuti | Porzioni: 2

ingredienti

1 petto di pollo disossato, tagliato a metà

Sale e pepe nero qb

Pepe qb

1 cucchiaio di paprika

1 cucchiaio di aglio in polvere

Indicazioni

Preparare un bagnomaria e inserire il Sous Vide. Impostare su 149 F.Scolare il pollo e asciugarlo tamponando con una teglia. Condire con aglio in polvere, paprika, pepe e sale. Mettere in un sacchetto sigillabile sottovuoto. Rilasciare l'aria con il metodo dello spostamento dell'acqua, sigillare e immergere nel bagno d'acqua. Cuocere per 1 ora. Una volta che il timer si è fermato, rimuovere il pollo e servire.

Spezzatino di Pollo al Rosmarino

Tempo di preparazione + cottura: 4 ore 15 minuti | Porzioni: 2

ingredienti

2 cosce di pollo

6 spicchi d'aglio, schiacciati

¼ di cucchiaino di pepe nero intero

2 foglie di alloro

¼ di tazza di salsa di soia scura

¼ di tazza di aceto bianco

1 cucchiaio di rosmarino

Indicazioni

Preparare un bagnomaria e inserire il Sous Vide. Impostare su 165 F. Unire le cosce di pollo a tutti gli ingredienti. Mettere in un sacchetto sigillabile sottovuoto. Rilasciare l'aria con il metodo dello spostamento dell'acqua, sigillare e immergere in un bagno d'acqua. Cuocere per 4 ore.

Una volta che il timer si è fermato, togliere il pollo, scartare le foglie di alloro e riservare i succhi di cottura. Scaldare l'olio di canola in una padella a fuoco medio e rosolare il pollo. Aggiungere i succhi di cottura e cuocere fino a raggiungere la consistenza desiderata. Filtrare la salsa e guarnire il pollo.

Pollo croccante con funghi

Tempo di preparazione + cottura: 1 ora e 15 minuti | Porzioni: 4

ingredienti

4 petti di pollo disossati

1 tazza di pangrattato panko

Funghi Portobello a fette da 1 libbra

Mazzetto di timo

2 uova

Sale e pepe nero qb

Olio di canola qb

Indicazioni

Preparare un bagnomaria e inserire il Sous Vide. Impostato su 149 F.

Metti il pollo in un sacchetto sigillabile sottovuoto. Condite con sale e timo. Rilasciare l'aria con il metodo dello spostamento dell'acqua, sigillare e immergere in un bagno d'acqua. Cuocere per 60 minuti.

Nel frattempo, scalda una padella a fuoco medio. Cuocere i funghi finché l'acqua non sarà evaporata. Aggiungi 3-4 rametti di timo. Condire con sale e pepe. Una volta che il timer si è fermato, rimuovere la borsa.

Riscaldare una padella con olio a fuoco medio. Mescola il panko con sale e pepe. Metti il pollo a strati nel mix di panko. Friggere per 1-2 minuti per lato. Servire con i funghi.

Pollo alle erbe con zucca

Tempo di preparazione + cottura: 1 ora e 15 minuti | Porzioni: 2

ingredienti

6 filetti di pollo

4 tazze di zucca butternut, tagliata a cubetti e arrostita

4 tazze di lattuga a rucola

4 cucchiai di mandorle affettate

Succo di 1 limone

2 cucchiai di olio d'oliva

4 cucchiai di cipolla rossa, tritata

1 cucchiaio di paprika

1 cucchiaio di curcuma

1 cucchiaio di cumino

Sale qb

Indicazioni

Preparare un bagnomaria e inserire il Sous Vide. Impostato su 138 F.

Metti il pollo e tutti i condimenti in un sacchetto sigillabile sottovuoto. Rilasciare l'aria con il metodo dello spostamento dell'acqua, sigillare e immergere in un bagno d'acqua. Cuocere per 60 minuti.

Una volta che il timer si è fermato, rimuovere la busta e trasferire il pollo in una padella calda. Rosolare per 1 minuto per lato. In una ciotola, unisci gli ingredienti rimanenti. Servire il pollo con l'insalata.

Pollo al coriandolo con salsa al burro di arachidi

Tempo di preparazione + cottura: 1 ora e 40 minuti | Porzioni: 2

ingredienti

4 petti di pollo

1 bustina di insalata mista

1 mazzetto di coriandolo

2 cetrioli

2 carote

1 confezione di wonton wrapper

Olio per friggere

¼ di tazza di burro di arachidi

Succo di 1 lime

2 cucchiai di coriandolo tritato

3 spicchi d'aglio

2 cucchiai di zenzero fresco

½ tazza di acqua

2 cucchiai di aceto bianco

1 cucchiaio di salsa di soia

1 cucchiaino di salsa di pesce

1 cucchiaino di olio di sesamo

3 cucchiai di olio di canola

Indicazioni

Preparare un bagnomaria e inserire il Sous Vide. Impostare a 149 F. Condire il pollo con sale e pepe e metterlo in un sacchetto sigillabile sottovuoto. Rilasciare l'aria con il metodo dello spostamento dell'acqua, sigillare e immergere la sacca nel bagnomaria. Cuocere per 60 minuti. Trita il cetriolo, il coriandolo e le carote e uniscili con l'insalata-

Riscaldare una pentola a 350 F. e riempire con olio. Taglia gli involucri dei wonton a pezzi e friggi fino a renderli croccanti. In un robot da cucina, mettere il burro di arachidi, il succo di lime, lo zenzero fresco, il coriandolo, l'acqua, l'aceto bianco, la salsa di pesce, la salsa di soia, il sesamo e l'olio di canola. Frulla fino a ottenere un composto omogeneo.

Al termine del timer, rimuovere il pollo e trasferirlo in una padella calda. Rosolare per 30 secondi per lato. Mescolare le strisce di wonton con l'insalata. Affetta il pollo. Servire sopra l'insalata. Condisci con il condimento.

Spezzatino di pollo e porri

Tempo di preparazione + cottura: 70 minuti | Porzioni: 4

ingredienti

6 petti di pollo senza pelle

Sale e pepe nero qb

3 cucchiai di burro

1 porro grande, tagliato trasversalmente

½ tazza di panko

2 cucchiai di prezzemolo tritato

1 oz di formaggio Copoundy Jack

1 cucchiaio di olio d'oliva

Indicazioni

Preparare un bagnomaria e inserire il Sous Vide. Impostato su 146 F.

Metti i petti di pollo in un sacchetto sigillabile sottovuoto. Condire con sale e pepe. Rilasciare l'aria con il metodo dello spostamento dell'acqua, sigillare e immergere in un bagno d'acqua. Cuocere per 45 minuti.

Nel frattempo scaldare una padella a fuoco vivace con il burro e cuocere i porri. Condire con sale e pepe. Mescolare bene. Abbassate la fiamma e lasciate cuocere per 10 minuti.

Riscaldare una padella a fuoco medio con il burro e aggiungere il panko. Cuocere fino a tostare. Trasferire in una ciotola e unire con formaggio cheddar e prezzemolo tritato. Una volta che il timer si è fermato, rimuovere i seni e asciugarli. Scaldare una padella a fuoco vivace con olio d'oliva e rosolare il pollo 1 minuto per lato. Servire sopra i porri e guarnire con il mix di panko.

Cosce di Pollo alla Senape

Tempo di preparazione + cottura: 2 ore e 30 minuti | Porzioni: 4

ingredienti

4 cosce di pollo intere

Sale e pepe nero qb

2 cucchiai di olio d'oliva

2 scalogni, tagliati a fettine sottili

3 spicchi d'aglio, tagliati a fettine sottili

½ bicchiere di vino bianco secco

1 tazza di brodo di pollo

¼ di tazza di senape integrale

1 tazza mezza panna e mezza

1 cucchiaino di curcuma

2 cucchiai di dragoncello fresco, tritato

1 cucchiaio di timo fresco, tritato

Indicazioni

Preparare un bagnomaria e inserire il Sous Vide. Impostare su 172 F. Condire il pollo con sale e pepe. Scaldare l'olio d'oliva in una padella a fuoco alto e rosolare le cosce di pollo per 5-7 minuti. Mettere da parte.

Nella stessa padella aggiungere lo scalogno e l'aglio. Cuocere per 5 minuti. Aggiungere il vino bianco e cuocere per 2 minuti fino a quando bolle. Rimuovere e versare il brodo di pollo e la senape.

Unire la salsa di senape al pollo e metterlo in un sacchetto sigillabile sottovuoto. Rilasciare l'aria con il metodo dello spostamento dell'acqua, sigillare e immergere in un bagno d'acqua. Cuocere per 2 ore.

Una volta che il timer si è fermato, rimuovere la busta, prenotare il pollo e separare i liquidi di cottura. In una casseruola riscaldata mettere i liquidi di cottura e metà e metà della panna. Cuocere fino a quando sarà spumeggiante e mezzo evaporato. Togli dal fuoco e unisci dragoncello, curcuma, timo e cosce di pollo. Mescolare bene. Condite con sale e pepe e servite.

Insalata di pollo al formaggio con ceci

Tempo di preparazione + cottura: 1 ora e 30 minuti | Porzioni: 2

ingredienti

6 filetti di petto di pollo, disossati, senza pelle

4 cucchiai di olio d'oliva

2 cucchiai di salsa piccante

1 cucchiaino di cumino macinato

1 cucchiaino di zucchero di canna chiaro

1 cucchiaino di cannella in polvere

Sale e pepe nero qb

1 barattolo di ceci sgocciolati

½ tazza di formaggio feta sbriciolato

½ tazza di formaggio queso fresco sbriciolato

½ tazza di basilico spezzettato

½ tazza di menta appena strappata

4 cucchiaini di pinoli, tostati

2 cucchiaini di miele

2 cucchiaini di succo di limone appena spremuto

Indicazioni

Preparare un bagnomaria e inserire il Sous Vide. Impostare su 138 F. Mettere i petti di pollo, 2 cucchiai di olio d'oliva, la salsa piccante, lo zucchero di canna, il cumino e la cannella in un sacchetto sigillabile sottovuoto. Condire con sale e pepe. Rilasciare l'aria con il metodo dello spostamento dell'acqua, sigillare e immergere la sacca nel bagnomaria. Cuocere per 75 minuti.

Nel frattempo unire in una ciotola i ceci, il basilico, il queso fresco, la menta ei pinoli. Versare il miele, il succo di limone e 2 cucchiai di olio d'oliva. Condire con sale e pepe. Una volta che il timer si è fermato, rimuovere il pollo e tagliarlo a pezzetti. Scartare i succhi di cottura. Mescolare l'insalata e il pollo, mescolare bene e servire.

Pollo al Formaggio a Strati

Tempo di preparazione + cottura: 60 minuti | Porzioni: 2

ingredienti

2 petti di pollo, disossati, senza pelle

Sale e pepe nero qb

2 cucchiaini di burro

4 tazze di lattuga

1 pomodoro grande, a fette

1 oz di formaggio cheddar, a fette

2 cucchiai di cipolla rossa, a dadini

Foglie di basilico fresco

1 cucchiaio di olio d'oliva

2 spicchi di limone per servire

Indicazioni

Preparare un bagnomaria e inserire il Sous Vide. Impostato su 146 F.

Metti il pollo in un sacchetto sigillabile sottovuoto. Condire con sale e pepe. Rilasciare l'aria con il metodo dello spostamento dell'acqua, sigillare e immergere la sacca nel bagnomaria. Cuocere per 45 minuti.

Una volta che il timer si è fermato, rimuovere il pollo e scartare i succhi di cottura. Riscaldare una padella a fuoco vivace con il burro. Scottare il pollo fino a doratura. Trasferire in un piatto da portata. Metti la lattuga nel pollo e aggiungi il pomodoro, la cipolla rossa, il formaggio cheddar e il basilico. Cospargere con olio d'oliva, sale e pepe. Servire con spicchi di limone.

Pollo alla cinese

Tempo di preparazione + cottura: 1 ora e 35 minuti | Porzioni: 6

ingredienti

1 ½ libbra di petto di pollo, disossato e senza pelle

¼ di tazza di cipolle, tritate finemente

2 cucchiai di salsa Worcestershire

1 cucchiaio di miele

1 cucchiaino di olio di sesamo

1 spicchio d'aglio, tritato

¾ cucchiaino di polvere cinese alle cinque spezie

Indicazioni

Preparare un bagnomaria e inserire il Sous Vide. Impostato su 146 F.

Metti il pollo, le cipolle, il miele, la salsa Worcestershire, l'olio di sesamo, l'aglio e le cinque spezie in un sacchetto richiudibile sottovuoto. Rilasciare l'aria con il metodo dello spostamento dell'acqua, sigillare e immergere la sacca nel bagnomaria. Cuocere per 75 minuti. Riscalda una padella a fuoco medio. Una volta che il timer si è fermato, rimuovere il sacchetto e metterlo nella padella. Rosolare per 5 minuti fino a doratura. Taglia il pollo a medaglioni.

Polpette di Pollo all'origano

Tempo di preparazione + cottura: 2 ore 20 minuti | Porzioni: 4

ingredienti

1 libbra di pollo macinato

1 cucchiaio di olio d'oliva

2 spicchi d'aglio, tritati

1 cucchiaino di origano fresco, tritato

Sale qb

1 cucchiaio di cumino

½ cucchiaino di scorza di limone grattugiata

½ cucchiaino di pepe nero

¼ di tazza di pangrattato panko

spicchi di limone

Indicazioni

Preparare un bagnomaria e posizionarvi sopra il sottovuoto. Impostare su 146 F. Unire in una ciotola il pollo macinato, l'aglio, l'olio d'oliva, l'origano, la scorza di limone, il cumino, il sale e il pepe. Con le mani prepara almeno 14 polpette. Metti le polpette in un sacchetto sigillabile sottovuoto. Rilasciare l'aria con il metodo dello spostamento dell'acqua, sigillare e immergere la sacca nel bagnomaria. Cuocere per 2 ore.

Una volta che il timer si è fermato, rimuovere la busta e trasferire le polpette su una teglia rivestita di carta stagnola. Riscaldare una padella a fuoco medio e rosolare le polpette per 7 minuti. Completare con spicchi di limone.

Gallina della Cornovaglia con riso e bacche

Tempo di preparazione + cottura: 4 ore 40 minuti | Porzioni: 2

ingredienti

2 galline intere di selvaggina della Cornovaglia

4 cucchiai di burro più 1 cucchiaio extra

2 tazze di funghi shitake, tagliati a fettine sottili

1 tazza di porri, tagliati a dadini

¼ di tazza di noci pecan, tritate

1 cucchiaio di timo fresco, tritato

1 tazza di riso selvatico cotto

¼ di tazza di mirtilli rossi secchi

1 cucchiaio di miele

Indicazioni

Preparare un bagnomaria e inserire il Sous Vide. Impostato su 149 F.

Scalda 4 cucchiai di burro in una padella a fuoco medio, una volta sciolto aggiungi i funghi, il timo, il porro e le noci pecan. Cuocere per 5-10 minuti. Metti il riso e i mirtilli rossi. Togli dal fuoco. Lascia raffreddare per 10 minuti. Riempite le cavità delle galline con il composto. Truss le gambe.

Metti le galline in un sacchetto sigillabile sottovuoto. Rilasciare l'aria con il metodo dello spostamento dell'acqua, sigillare e immergere il sacchetto nella vasca da bagno. Cuocere per 4 ore. Riscalda una padella a fuoco alto. In una ciotola unire il miele e 1 cucchiaio di burro fuso. Versare sulle galline. Rosolate le galline per 2 minuti e servite.

Pollo Chessy

Tempo di preparazione + cottura: 1 ora e 45 minuti | Porzioni: 2

ingredienti

1 petto di pollo

¼ di tazza di crema di formaggio

¼ di tazza di peperone rosso arrosto tagliato a julienne

½ tazza di rucola sciolta

6 fette di prosciutto

Sale e pepe nero qb

1 cucchiaio di olio

Indicazioni

Preparare un bagnomaria e posizionarvi sopra il sottovuoto. Impostare a 155 F.Scolare il pollo e sbatterlo fino a ottenere una spessa minuscola. Quindi tagliare a metà e condire con sale e pepe. Spalmare 2 cucchiai di crema di formaggio e aggiungere sopra il peperoncino arrostito e la rucola.

Arrotolare i petti come il sushi e mettere 3 strati di prosciutto e arrotolare i petti. Mettere in un sacchetto sigillabile sottovuoto. Rilasciare l'aria con il metodo dello spostamento dell'acqua, sigillare e immergere in un bagno d'acqua. Cuocere per 90 minuti.

Una volta che il timer si è fermato, rimuovere il pollo dal sacchetto e rosolarlo. Tagliate a fette minuscole e servite.

Insalata di pollo alla menta e piselli

Tempo di preparazione + cottura: 1 ora e 30 minuti | Porzioni: 2

ingredienti

6 filetti di petto di pollo, disossati

4 cucchiai di olio d'oliva

Sale e pepe nero qb

2 tazze di taccole, sbollentate

1 tazza di menta, appena strappata

½ tazza di formaggio queso fresco sbriciolato

1 cucchiaio di succo di limone appena spremuto

2 cucchiaini di miele

2 cucchiaini di aceto di vino rosso

Indicazioni

Preparare un bagnomaria e inserire il Sous Vide. Impostato su 138 F.

Mettere il pollo con l'olio d'oliva in un sacchetto sigillabile sottovuoto. Condire con sale e pepe. Rilasciare l'aria con il metodo dello spostamento dell'acqua, sigillare e immergere la sacca nel bagnomaria. Cuocere per 75 minuti.

In una ciotola unire i piselli, il queso fresco e la menta. Mescolare il succo di limone, l'aceto di vino rosso, il miele e 2 cucchiai di olio d'oliva. Condire con sale e pepe.

Una volta pronto, togliete il pollo e tagliatelo a pezzetti. Eliminare i liquidi di cottura. Servire.

Pollo alle erbe con salsa di crema di funghi

Tempo di preparazione + cottura: 4 ore 15 minuti | Porzioni: 2

ingredienti

Per il pollo

2 petti di pollo disossati senza pelle

Sale qb

1 cucchiaio di aneto

1 cucchiaio di curcuma

1 cucchiaino di olio vegetale

per la salsa

3 scalogni tritati

2 spicchi d'aglio tritati

1 cucchiaino di olio d'oliva

2 cucchiai di burro

1 tazza di funghi a fette

2 cucchiai di vino porto

½ tazza di brodo di pollo

1 tazza di formaggio di capra

¼ di cucchiaino di pepe nero spezzato

Indicazioni

Preparare un bagnomaria e inserire il Sous Vide. Impostare a 138 F. Mettere il pollo condito con sale e pepe in un sacchetto sigillabile sottovuoto. Rilasciare l'aria con il metodo dello spostamento dell'acqua, sigillare e immergere la sacca nel bagnomaria. Cuocere per 4 ore.

Una volta che il timer si è fermato, rimuovere la borsa e trasferirla in un bagno di ghiaccio. Lasciar raffreddare e asciugare. Mettere da parte. Scaldare l'olio in una padella a fuoco vivace, aggiungere lo scalogno e cuocere per 2-3 minuti. Aggiungere burro, aneto, curcuma e aglio e cuocere ancora per 1 minuto. Aggiungere i funghi, il vino e il brodo. Cuocere per 2 minuti, quindi versare la panna. Continuate la cottura fino a quando la salsa si addensa. Condire con sale e pepe. Riscaldare una griglia fino a quando non sarà affumicata. Spennellate il pollo con olio e rosolatelo per 1 minuto per lato. Completare con la salsa.

Pollo fritto croccante

Tempo di preparazione + cottura: 2 ore | Porzioni: 4

ingredienti

8 cosce di pollo

Sale e pepe nero qb

Per Wet Mix

2 tazze di latte di soia

1 cucchiaio di succo di limone

Per miscela secca

1 tazza di farina

1 tazza di farina di riso

½ tazza di amido di mais

2 cucchiai di paprika

1 cucchiaio di zenzero

Sale e pepe nero qb

Indicazioni

Preparare un bagnomaria e inserire il Sous Vide. Impostare a 154 F. Mettere il pollo condito con pepe e sale in un sacchetto sigillabile sottovuoto. Rilasciare l'aria con il metodo dello spostamento dell'acqua, sigillare e immergere in un bagno d'acqua. Cuocere per 1 ora.

Una volta che il timer si è fermato, rimuovere la borsa. Lascia raffreddare per 15 minuti. Riscaldare una padella con olio a 400-425 F. In una ciotola, unire il latte di soia e il succo di limone per ottenere la miscela bagnata. In un'altra ciotola, sbatti la farina proteica, la farina di riso, la maizena, lo zenzero, la paprika, il sale e il pepe macinato per ottenere la miscela secca.

Immergere il pollo nella miscela secca e poi nella miscela umida. Ripeti altre 2-3 volte. Mettere su una griglia. Ripeti il processo fino a quando il pollo non è finito. Friggere il pollo per 3-4 minuti. Mettete da parte, lasciate raffreddare per 10-15 minuti. Completare con spicchi di limone e salsa.

Insalata di pollo verde con mandorle

Tempo di preparazione + cottura: 95 minuti | Porzioni: 2

ingredienti

2 petti di pollo senza pelle

Sale e pepe nero qb

1 tazza di mandorle

1 cucchiaio di olio d'oliva

2 cucchiai di zucchero

4 peperoncini rossi, tagliati a fettine sottili

1 spicchio d'aglio sbucciato

3 cucchiai di salsa di pesce

2 cucchiaini di succo di lime appena spremuto

1 tazza di coriandolo, tritato

1 scalogno, tagliato a fettine sottili

1 gambo di citronella, solo la parte bianca, a fette

1 pezzo di zenzero da 2 pollici, tagliato a julienne

Indicazioni

Preparare un bagnomaria e inserire il Sous Vide. Impostare a 138 F. Mettere il pollo condito con sale e pepe in un sacchetto sigillabile sottovuoto. Rilasciare l'aria con il metodo dello spostamento dell'acqua, sigillare e immergere la sacca nel bagnomaria. Cuocere per 75 minuti.

Dopo 60 minuti, scaldare l'olio d'oliva in una casseruola a 350 F. Tostare le mandorle per 1 minuto fino a quando sono asciutte. Impastare lo zucchero, l'aglio e il peperoncino. Versare la salsa di pesce e il succo di lime.

Una volta pronto, togliete la busta e lasciate raffreddare. Tagliate il pollo a bocconcini e mettetelo in una ciotola. Versare il condimento e mescolare bene. Aggiungere il coriandolo, lo zenzero, la citronella e le mandorle fritte. Guarnire con peperoncino e servire.

Pollo al latte di cocco

Tempo di preparazione + cottura: 75 minuti | Porzioni: 2

ingredienti

2 petti di pollo

4 cucchiai di latte di cocco

Sale e pepe nero qb

per la salsa

4 cucchiai di salsa satay

2 cucchiai di latte di cocco

Un pizzico di salsa tamari

Indicazioni

Preparare un bagnomaria e inserire il Sous Vide. Impostato su 138 F.

Mettere il pollo in un sacchetto sigillabile sottovuoto e condire con sale e pepe. Aggiungi 4 cucchiai di latte. Rilasciare l'aria con il metodo dello spostamento dell'acqua, sigillare e immergere la sacca nel bagnomaria. Cuocere per 60 minuti.

Una volta che il timer si è fermato, rimuovere la borsa. Unire gli ingredienti della salsa e cuocere a microonde per 30 secondi. Affetta il pollo. Servire in un piatto e glassare con la salsa.

Pancetta alla romana e piatto di pollo

Tempo di preparazione + cottura: 1 ora e 40 minuti | Porzioni: 4

ingredienti

4 petti di pollo piccoli, disossati e senza pelle

8 foglie di salvia

4 pezzi di pancetta affettata sottilmente

Pepe nero qb

1 cucchiaio di olio d'oliva

60 g di fontina grattugiata

Indicazioni

Preparare un bagnomaria e inserire il Sous Vide. Impostare su 146 F. Condire il pollo con sale e pepe. Completare con 2 foglie di salvia e 1 fetta di pancetta. Mettili in un sacchetto sigillabile sottovuoto. Rilasciare l'aria con il metodo dello spostamento dell'acqua, sigillare e immergere la sacca nel bagnomaria. Cuocere per 90 minuti.

Una volta che il timer si è fermato, rimuovere la busta e asciugare. Scaldare l'olio in una padella a fuoco alto e rosolare il pollo per 1 minuto. Girare il pollo e guarnire con 1 cucchiaio di fontina. Copri la padella e lascia che il formaggio si sciolga. Servire su un piatto da portata il pollo e guarnire con foglie di salvia.

Pomodorini, Avocado e Insalata di Pollo

Tempo di preparazione + cottura: 1 ora e 30 minuti | Porzioni: 2

ingredienti

1 petto di pollo

1 avocado, a fette

10 pezzi di pomodorini tagliati a metà

2 tazze di lattuga tritata

2 cucchiai di olio d'oliva

1 cucchiaio di succo di lime

1 spicchio d'aglio, schiacciato

Sale e pepe nero qb

2 cucchiaini di sciroppo d'acero

Indicazioni

Preparare un bagnomaria e inserire il Sous Vide. Impostare su 138 F. Posizionare il pollo in un sacchetto sigillabile sottovuoto. Condire con sale e pepe. Rilasciare l'aria con il metodo dello spostamento dell'acqua, sigillare e immergere la sacca nel bagnomaria. Cuocere per 75 minuti.

Una volta che il timer si è fermato, rimuovere il pollo. Scaldare l'olio in una padella a fuoco medio. Rosolare il seno per 30 secondi e affettarlo. In una ciotola, unisci l'aglio, il succo di lime, lo sciroppo d'acero e l'olio d'oliva. Aggiungere la lattuga, i pomodorini e l'avocado. Mescolare bene. Impiattare l'insalata e guarnire con il pollo.

Pollo al peperoncino

Tempo di preparazione + cottura: 2 ore e 15 minuti | Porzioni: 2

ingredienti

4 cosce di pollo

2 cucchiai di olio d'oliva

Sale e pepe nero qb

1 spicchio d'aglio, schiacciato

3 cucchiai di salsa di pesce

¼ di tazza di succo di lime

1 cucchiaio di zucchero

3 cucchiai di basilico tritato

3 cucchiai di coriandolo tritato

2 peperoncini rossi (privati dei semi), tritati

1 cucchiaio di salsa al peperoncino dolce

1 cucchiaio di salsa al peperoncino verde

Indicazioni

Preparare un bagnomaria e inserire il Sous Vide. Impostare su 149 F. Arrotolare il pollo nella pellicola e lasciarlo raffreddare. Mettere in un sacchetto sigillabile sottovuoto con olio d'oliva, sale e pepe. Rilasciare l'aria con il metodo dello spostamento dell'acqua, sigillare e immergere la sacca nel bagnomaria. Cuocere per 2 ore.

Una volta che il timer si è fermato, rimuovere il pollo e tagliarlo in 4-5 pezzi. Scaldare l'olio vegetale in una padella a fuoco medio e rosolare fino a renderlo croccante. In una ciotola unire tutti gli ingredienti del condimento e mettere da parte. Servire il pollo, aggiustare di sale e guarnire con il condimento.

Ali di pollo aromatizzate al miele

Tempo di preparazione + cottura: 135 minuti | Porzioni: 2

ingredienti

¾ cucchiaino di salsa di soia

¾ cucchiaino di vino di riso

¾ cucchiaino di miele

¼ di cucchiaino di cinque spezie

6 ali di pollo

½ pollice di zenzero fresco

Mazza da terra da ½ pollice

1 spicchio d'aglio, tritato

Scalogno affettato per servire

Indicazioni

Preparare un bagnomaria e inserire il Sous Vide. Impostato su 160 F.

In una ciotola, unisci la salsa di soia, il vino di riso, il miele e le cinque spezie. Mettere le ali di pollo e l'aglio in un sacchetto richiudibile sottovuoto. Rilasciare l'aria con il metodo dello spostamento dell'acqua, sigillare e immergere la sacca nel bagnomaria. Cuocere per 2 ore.

Una volta che il timer si è fermato, rimuovere le ali e trasferirle su una teglia. Cuocere in forno per 5 minuti a 380 ° F. Servire su un piatto da portata e guarnire con lo scalogno affettato.

Pollo al curry verde e tagliatelle

Tempo di preparazione + cottura: 3 ore | Porzioni: 2

ingredienti

1 petto di pollo disossato e senza pelle

Sale e pepe nero qb

1 lattina (13,5 once) di latte di cocco

2 cucchiai di pasta di curry verde

1 tazza di brodo di pollo

1 tazza di funghi shiitake

5 foglie di lime kaffir, tagliate a metà

2 cucchiai di salsa di pesce

1 cucchiaio e mezzo di zucchero

½ tazza di foglie di basilico thailandese, tritate grossolanamente

2 once di nidi di pasta all'uovo cotti

1 tazza di coriandolo, tritato grossolanamente

1 tazza di germogli di soia

2 cucchiai di spaghetti fritti

2 peperoncini rossi, tritati grossolanamente

Indicazioni

Preparare un bagnomaria e inserire il Sous Vide. Impostare a 138 F. Condire il pollo con sale e pepe. Mettilo in un sacchetto sigillabile sottovuoto. Rilasciare l'aria con il metodo dello spostamento dell'acqua, sigillare e immergere la sacca nel bagnomaria. Cuocere per 90 minuti.

Trascorsi 35 minuti, scaldare una casseruola a fuoco medio e incorporare la pasta di curry verde e metà latte di cocco. Cuocere per 5-10 minuti finché il latte di cocco non inizia ad addensarsi. Aggiungere il brodo di pollo e il resto del latte di cocco. Cuocere per 15 minuti.

Abbassare la fiamma e aggiungere le foglie di lime kaffir, i funghi shiitake, lo zucchero e la salsa di pesce. Cuocere per almeno 10 minuti. Togliete dal fuoco e aggiungete il basilico.

Una volta che il timer si è fermato, rimuovere la busta e lasciare raffreddare per 5 minuti, quindi tagliare a fettine. Servire in una zuppiera la salsa al curry, le tagliatelle cotte e il pollo. Completare con germogli di soia, coriandolo, peperoncini e spaghetti fritti.

Mini bocconcini di pollo al pesto con avocado

Tempo di preparazione + cottura: 1 ora e 40 minuti | Porzioni: 2

ingredienti

1 petto di pollo disossato, senza pelle, con le farfalle

Sale e pepe nero qb

1 cucchiaio di salvia

3 cucchiai di olio d'oliva

1 cucchiaio di pesto

1 zucchina, a fette

1 avocado

1 tazza di foglie di basilico fresco

Indicazioni

Preparare un bagnomaria e inserire il Sous Vide. Impostato su 138 F.

Pestare il petto di pollo fino a renderlo sottile. Condite con salvia, pepe e sale. Mettere in un sacchetto sigillabile sottovuoto. Aggiungere 1 cucchiaio di olio e il pesto. Rilasciare l'aria con il metodo dello spostamento dell'acqua, sigillare e immergere la sacca nel bagnomaria. Cuocere per 75 minuti. Dopo 60 minuti, scaldare 1 cucchiaio di olio d'oliva in una padella a fuoco alto, aggiungere le zucchine e ¼ di tazza di acqua. Cuocere finché l'acqua non sarà evaporata. Una volta che il timer si è fermato, rimuovere il pollo.

Riscaldare il restante olio d'oliva in una padella a fuoco medio e rosolare il pollo per 2 minuti per lato. Mettere da parte e lasciare raffreddare. Tagliate il pollo a fettine sottili proprio come le zucchine. Affetta anche l'avocado. Servire il pollo con fette di avocado in cima. Guarnire con le fettine di zucchine e il basilico.

Polpette di pollo al formaggio

Tempo di preparazione + cottura: 1 ora e 15 minuti | Porzioni: 6

ingredienti

1 libbra di pollo macinato

2 cucchiai di cipolla, tritata finemente

¼ di cucchiaino di aglio in polvere

Sale e pepe nero qb

2 cucchiai di pangrattato

1 uovo

32 cubetti di mozzarella piccoli a dadini

1 cucchiaio di burro

3 cucchiai di panko

½ tazza di salsa di pomodoro

½ oz di pecorino romano grattugiato

Prezzemolo tritato

Indicazioni

Preparare un bagnomaria e inserire il Sous Vide. Impostare su 146 F. In una ciotola, mescolare il pollo, la cipolla, il sale, l'aglio in polvere, il pepe e il pangrattato condito. Aggiungere l'uovo e unire bene. Formare 32 palline di media grandezza e farcire con un cubetto di formaggio, assicurandosi che il composto copra bene il formaggio.

Mettete le palline in un sacchetto sigillabile sottovuoto e lasciate raffreddare per 20 minuti. Quindi, rilasciare l'aria con il metodo dello spostamento dell'acqua, sigillare e immergere la borsa nel bagnomaria. Cuocere per 45 minuti.

Una volta che il timer si è fermato, rimuovi le palline. Sciogliere il burro in una padella a fuoco vivace e aggiungere il panko. Cuocere fino a tostare. Inoltre cuocere la salsa di pomodoro. In un piatto da portata adagiate le palline e glassate con la salsa di pomodoro. Completare con il panko e il formaggio. Guarnire con il prezzemolo.

Hamburger di tacchino al formaggio

Tempo di preparazione + cottura: 1 ora e 45 minuti | Porzioni: 6

ingredienti

6 cucchiaini di olio d'oliva

1 ½ libbra di tacchino macinato

16 cracker alla crema, schiacciati

2½ cucchiai di prezzemolo fresco tritato

2 cucchiai di basilico fresco tritato

½ cucchiaio di salsa Worcestershire

½ cucchiaio di salsa di soia

½ cucchiaino di aglio in polvere

1 uovo

6 panini, tostati

6 fette di pomodoro

6 foglie di lattuga romana

6 fette di formaggio Monterey Jack

Indicazioni

Preparare un bagnomaria e inserire il Sous Vide. Impostare su 148 F. Unire il tacchino, i cracker, il prezzemolo, il basilico, la salsa di soia e l'aglio in polvere. Aggiungere l'uovo e mescolare con le mani.

In una teglia con cera di pepe, con il composto creare 6 polpette e adagiarle. Coprite e trasferite in frigo

Togliere le polpette dal frigo e metterle in tre buste sigillabili sottovuoto. Rilasciare l'aria con il metodo dello spostamento dell'acqua, sigillare e immergere i sacchetti nel bagnomaria. Cuocere per 1 ora e 15 minuti.

Una volta che il timer si è fermato, rimuovere le polpette. Scartare i succhi di cottura.

Scaldare l'olio d'oliva in una padella a fuoco alto e posizionare le polpette. Rosolare per 45 secondi per lato. Metti le polpette sui panini tostati. Completare con pomodoro, lattuga e formaggio. Servire.

Tacchino ripieno di pancetta e noci avvolto nel prosciutto

Tempo di preparazione + cottura: 3 ore 45 minuti | Porzioni: 6

ingredienti

1 cipolla bianca, tritata

3 cucchiai di burro

1 tazza di pancetta a cubetti

4 cucchiai di pinoli

2 cucchiai di timo tritato

4 spicchi d'aglio, tritati

Scorza di 2 limoni

4 cucchiai di prezzemolo tritato

¾ tazza di pangrattato

1 uovo, sbattuto

4 libbre di petto di tacchino disossato, farfalle

Sale e pepe nero qb

16 fette di prosciutto

Indicazioni

Preparare un bagnomaria e inserire il Sous Vide. Impostato su 146 F.

Scaldare 2 cucchiai di burro in una padella a fuoco medio e rosolare la cipolla per 10 minuti fino a quando non si sarà ammorbidita. Mettere da parte. Nella stessa padella, aggiungere la pancetta e cuocere per 5 minuti fino a doratura. Mescolare i pinoli, il timo, l'aglio e la scorza di limone e cuocere per altri 2 minuti. Aggiungere il prezzemolo e mescolare. Rimettere la cipolla nella padella, incorporare il pangrattato e l'uovo.

Tira fuori il tacchino e coprilo con la pellicola. Con un martello da carne battetelo fino allo spessore. Metti il prosciutto in un foglio di alluminio. Metti il tacchino sul prosciutto e schiaccia il centro per creare una striscia. Arrotolare bene il tacchino da un lato all'altro fino a quando non è completamente avvolto. Coprite con pellicola trasparente e mettete in un sacchetto sigillabile sottovuoto. Rilasciare l'aria con il metodo dello spostamento dell'acqua, sigillare e immergere la sacca nel bagnomaria. Cuocere per 3 ore.

Una volta che il timer si è fermato, rimuovere il tacchino e gettare la plastica. Riscaldare il burro rimanente in una padella a fuoco medio e mettere il petto. Rosolare il prosciutto per 45 secondi per lato. Arrotolare il tacchino e rosolarlo per altri 2-3 minuti. Tagliate il petto a medaglioni e servite.

Rotoli di tortilla e insalata Caesar con tacchino

Tempo di preparazione + cottura: 1 ora e 40 minuti | Porzioni: 4

ingredienti

2 spicchi d'aglio, tritati

2 petti di tacchino disossati e senza pelle

Sale e pepe nero qb

1 tazza di maionese

2 cucchiai di succo di limone appena spremuto

1 cucchiaino di pasta di acciughe

1 cucchiaino di senape di Digione

1 cucchiaino di salsa di soia

4 tazze di lattuga iceberg

4 tortillas

Indicazioni

Preparare un bagnomaria e inserire il Sous Vide. Impostare a 152 F. Condire il petto di tacchino con sale e pepe e metterlo in un sacchetto sigillabile sottovuoto. Rilasciare l'aria con il metodo dello spostamento dell'acqua, sigillare e immergere la sacca nel bagnomaria. Cuocere per 1 ora e 30 minuti.

Unire la maionese, l'aglio, il succo di limone, la pasta di acciughe, la senape, la salsa di soia e il sale e il pepe rimanenti. Lasciar riposare in frigo. Una volta che il timer si è fermato, rimuovere il tacchino e asciugare. Affetta il tacchino. Mescolare la lattuga con il condimento freddo. Versare un quarto della miscela di tacchino in ogni tortilla e piegare. Tagliare a metà e servire con il condimento.

Involtini di Tacchino alla Salvia

Tempo di preparazione + cottura: 5 ore 15 minuti | Porzioni: 6

Ingredienti:

3 cucchiai di olio d'oliva

2 cipolle gialle piccole, tagliate a dadini

2 gambi di sedano, tagliati a dadini

3 cucchiai di salvia macinata

La scorza e il succo di 2 limoni

3 tazze di preparato per ripieno di tacchino

2 tazze di brodo di tacchino o di pollo

5 libbre di petto di tacchino dimezzato

Indicazioni:

Mettere una padella a fuoco medio, aggiungere l'olio d'oliva, la cipolla e il sedano. Rosolare per 2 minuti. Aggiungere il succo di limone, la scorza e la salvia fino a quando il succo di limone non si sarà ridotto.

In una ciotola versate il composto per il ripieno e aggiungete il composto di salvia cotta. Mescola con le mani. Aggiungere il brodo, mescolando con la mano fino a quando gli ingredienti si tengono insieme bene e non colano. Rimuovere delicatamente la pelle di tacchino e adagiarla su una pellicola trasparente. Rimuovere le ossa e scartare.

Posizionare il petto di tacchino sulla pelle e stendere un secondo strato di pellicola trasparente sul petto di tacchino. Appiattiscilo a 1 pollice di spessore usando un mattarello. Rimuovere l'involucro di plastica sulla parte superiore e distribuire il ripieno sul tacchino schiacciato, lasciando uno spazio di ½ pollice attorno ai bordi.

Partendo dal lato più stretto, arrotolare il tacchino come un rotolo di pasta e avvolgere la pelle in più sul tacchino. Fissare il rotolo con lo spago da macellaio. Avvolgi il rotolo di tacchino nell'involucro di plastica più ampio e attorciglia le estremità per fissare il rotolo, che dovrebbe formare un cilindro stretto.

Posizionare il rotolo in un sacchetto sigillabile sottovuoto, rilasciare aria e sigillare il sacchetto. Mettete in frigo per 40 minuti. Fare un bagnomaria, inserire il Sous Vide e impostare a 155 F. Posizionare il rotolo di tacchino nel bagnomaria e impostare il timer per 4 ore.

Una volta che il timer si è fermato, rimuovere il sacchetto e aprirlo. Preriscaldare un forno a 400 F, rimuovere la pellicola trasparente dal tacchino e disporlo su una pirofila con la pelle rivolta verso l'alto. Cuocere per 15 minuti. Affetta in tondo. Servire con una salsa cremosa e verdure a basso contenuto di carboidrati al vapore.

Petto di Tacchino al Timo

Tempo di preparazione + cottura: 3 ore 15 minuti | Porzioni: 6

ingredienti

1 metà petto di tacchino disossato con la pelle

1 cucchiaio di olio d'oliva

1 cucchiaio di sale all'aglio

1 cucchiaio di timo

1 cucchiaino di pepe nero

Indicazioni

Preparare un bagnomaria e inserire il Sous Vide. Impostato su 146 F.

Unire il petto di tacchino, l'aglio, il timo, il sale e il pepe. Mettilo in un sacchetto sigillabile sottovuoto. Rilasciare l'aria con il metodo dello spostamento dell'acqua, sigillare e immergere la sacca nel bagnomaria. Cuocere per 4 ore.

Una volta che il timer si è fermato, rimuovere la busta e asciugare tamponando con una teglia. Riscaldare una padella di ferro a fuoco vivo e rosolare per 5 minuti fino a doratura.

Hamburger di Polpette di Tacchino al Pesto

Tempo di preparazione + cottura: 80 minuti | Porzioni: 4

ingredienti

1 libbra di tacchino macinato

3 scalogni, tritati finemente

1 uovo grande, sbattuto

1 cucchiaio di pangrattato

1 cucchiaino di origano essiccato

1 cucchiaio di timo

Sale e pepe nero qb

½ tazza di pesto (più 2 cucchiaini extra)

60 g di mozzarella, tagliata a pezzi

4 grandi panini per hamburger

Indicazioni

Preparare un bagnomaria e inserire il Sous Vide. Impostare su 146 F. In una ciotola, unire il tacchino, l'uovo, il pangrattato, lo scalogno, il timo e l'origano. Condire con sale e pepe. Mescolare bene. Fai almeno 8 palline e fai un buco al centro con il pollice. Riempi ciascuno con 1/4 cucchiaio di pesto e 1/4 oz di mozzarella. Assicurati che la carne abbia coperto il ripieno.

Mettilo in un sacchetto sigillabile sottovuoto. Rilasciare l'aria con il metodo dello spostamento dell'acqua, sigillare e immergere la sacca nel bagnomaria. Cuocere per 60 minuti. Una volta che il timer si è fermato, rimuovere le palline e asciugarle tamponando con teglie. Riscaldare una padella a fuoco medio e cuocere 1/2 tazza di pesto. Aggiungere le polpette e mescolare bene. Mettere in ogni panino per hamburger 2 polpette.

Petto di tacchino con noci pecan

Tempo di preparazione + cottura: 2 ore e 15 minuti | Porzioni: 6

Ingredienti:

2 libbre di petto di tacchino, affettato sottilmente

1 cucchiaio di scorza di limone

1 tazza di noci pecan, tritate finemente

1 cucchiaio di timo, tritato finemente

2 spicchi d'aglio, schiacciati

2 cucchiai di prezzemolo fresco, tritato finemente

3 tazze di brodo di pollo

3 cucchiai di olio d'oliva

Indicazioni:

Sciacquare la carne sotto l'acqua corrente fredda e scolarla in uno scolapasta. Strofinare con la scorza di limone e trasferire in un grande sacchetto sigillabile sottovuoto insieme al brodo di pollo. Cuocere en Sous Vide per 2 ore a 149 F. Togliere dal bagnomaria e mettere da parte.

Scaldare l'olio d'oliva in una padella di medie dimensioni e aggiungere l'aglio, le noci pecan e il timo. Mescola bene e cuoci per

4-5 minuti. Infine, aggiungere il petto di pollo nella padella e rosolarlo brevemente su entrambi i lati. Servite subito.

Piatto di tacchino speziato

Tempo di preparazione + cottura: 14 ore 15 minuti | Porzioni: 4

ingredienti

1 coscia di tacchino

1 cucchiaio di olio d'oliva

1 cucchiaio di sale all'aglio

1 cucchiaino di pepe nero

3 rametti di timo

1 cucchiaio di rosmarino

Indicazioni

Preparare un bagnomaria e inserire il Sous Vide. Impostare su 146 F. Condire il tacchino con aglio, sale e pepe. Mettilo in un sacchetto sigillabile sottovuoto.

Rilasciare l'aria con il metodo dello spostamento dell'acqua, sigillare e immergere il sacchetto nella vasca da bagno. Cuocere per 14 ore. Una volta fatto, rimuovere le gambe e asciugare tamponando.

Tacchino in salsa d'arancia

Tempo di preparazione + cottura: 75 minuti | Porzioni: 2

Ingredienti:

1 libbra di petto di tacchino, senza pelle e disossato

1 cucchiaio di burro

3 cucchiai di succo d'arancia fresco

½ tazza di brodo di pollo

1 cucchiaino di pepe di Caienna

Sale e pepe nero qb

Indicazioni:

Sciacquare i petti di tacchino sotto l'acqua corrente fredda e asciugarli tamponando. Mettere da parte.

In una ciotola media, unisci il succo d'arancia, il brodo di pollo, il pepe di Caienna, il sale e il pepe. Mescolare bene e mettere la carne in questa marinata. Mettete in frigo per 20 minuti.

Ora, mettere la carne insieme alla marinata in un grande sacchetto sigillabile sottovuoto e cuocere sottovuoto per 40 minuti a 122 F.

In una casseruola antiaderente media, sciogliere il burro a temperatura elevata. Togliere la carne dal sacchetto e aggiungerla alla casseruola. Friggere per 2 minuti e togliere dal fuoco.

Cosce di tacchino al timo e rosmarino

Tempo di preparazione + cottura: 8 ore e 30 minuti | Porzioni: 4

ingredienti

5 cucchiaini di burro, sciolto

10 spicchi d'aglio, tritati

2 cucchiai di rosmarino essiccato

1 cucchiaio di cumino

1 cucchiaio di timo

2 cosce di tacchino

Indicazioni

Preparare un bagnomaria e inserire il Sous Vide. Impostato su 134 F.

Unisci l'aglio, il rosmarino, il cumino, il timo e il burro. Strofina il tacchino con la miscela.

Metti il tacchino in un sacchetto sigillabile sottovuoto. Rilasciare l'aria con il metodo dello spostamento dell'acqua, sigillare e immergere la sacca nel bagnomaria. Cuocere per 8 ore

Una volta che il timer si è fermato, rimuovere il tacchino. Riserva i succhi di cottura. Riscaldare una griglia a fuoco alto e mettere il tacchino. Cospargere con il sugo di cottura. Girati e spolverizza con altro succo. Mettere da parte e lasciare raffreddare. Servire.

Petto di tacchino con chiodi di garofano

Tempo di preparazione + cottura: 1 ora e 45 minuti | Porzioni: 6

Ingredienti:

2 libbre di petto di tacchino, a fette

2 spicchi d'aglio, tritati

1 tazza di olio d'oliva

2 cucchiai di senape di Digione

2 cucchiai di succo di limone

1 cucchiaino di rosmarino fresco, tritato finemente

1 cucchiaino di chiodi di garofano, tritati

Sale e pepe nero qb

Indicazioni:

In una grande ciotola, unire l'olio d'oliva, con senape, succo di limone, aglio, rosmarino, chiodi di garofano, sale e pepe. Mescolare fino a quando ben incorporato e aggiungere le fette di tacchino. Mettere a bagno e conservare in frigorifero per 30 minuti prima della cottura.

Togliere dal frigorifero e trasferire in 2 buste sigillabili sottovuoto. Sigillare i sacchetti e cuocere in Sous Vide per un'ora a 149 F. Togliere dal bagnomaria e servire.

Petto di Tacchino Aneto e Rosmarino

Tempo di preparazione + cottura: 1 ora e 50 minuti | Porzioni: 2

ingredienti

1 libbra di petto di tacchino disossato

Sale e pepe nero qb

3 rametti di aneto fresco

1 rametto di rosmarino fresco, tritato

1 foglia di alloro

Indicazioni

Preparare un bagnomaria e inserire il Sous Vide. Impostato su 146 F.

Riscaldare una padella a fuoco medio, mettere il tacchino e rosolare per 5 minuti. Riserva il grasso. Condire il tacchino con sale e pepe. Mettere il tacchino, l'aneto, il rosmarino, la foglia di alloro e il grasso conservato in un sacchetto sigillabile sottovuoto. Rilasciare l'aria con il metodo dello spostamento dell'acqua, sigillare e immergere la sacca nel bagnomaria. Cuocere per 1 ora e 30 minuti.

Riscalda una padella a fuoco alto. Una volta che il timer si è fermato, rimuovere il tacchino e trasferirlo nella padella. Rosolare per 5 minuti.

Anatra dolce arrosto

Tempo di preparazione + cottura: 3 ore 55 minuti | Porzioni: 4

ingredienti

200 g di petto d'anatra disossato

¼ di cucchiaino di cannella

¼ di cucchiaino di paprika affumicata

¼ di cucchiaino di pepe di cayenna

1 cucchiaio di timo

1 cucchiaino di miele

Sale e pepe nero qb

Indicazioni

Preparare un bagnomaria e inserire il Sous Vide. Impostare a 134 F. Asciugare il petto d'anatra con una teglia e rimuovere la pelle, facendo attenzione a non tagliare la carne. Condite con sale.

Riscaldare una padella a fuoco alto. Rosolare l'anatra per 3-4 minuti. Rimuovere e mettere da parte.

In una ciotola, unire la paprika, il timo, il pepe di Cayenna e la cannella, mescolare bene. Marinare il petto d'anatra con il composto. Mettere in un sacchetto sigillabile sottovuoto. Aggiungi 1 cucchiaio di miele. Rilasciare l'aria con il metodo dello spostamento dell'acqua, sigillare e immergere la sacca nel bagnomaria. Cuocere per 3 ore e 30 minuti.

Una volta che il timer si è fermato, rimuovere la borsa e asciugare. Riscaldare una padella a fuoco alto e rosolare l'anatra per 2 minuti. Giralo e cuoci per altri 30 secondi. Lasciar raffreddare e servire.

Timo Anatra Breas t

Tempo di preparazione + cottura: 2 ore 10 minuti | Porzioni: 3

Ingredienti:

3 (6 once) di petto d'anatra, con la pelle

3 cucchiaini di foglie di timo

2 cucchiaini di olio d'oliva

Sale e pepe nero qb

Ingredienti:

Fare strisce trasversali sul petto e senza tagliare la carne. Condire la pelle con sale e il lato di carne con timo, pepe e sale. Mettere i petti d'anatra in 3 buste richiudibili sottovuoto separate. Rilasciare l'aria e sigillare i sacchetti. Mettete in frigorifero per 1 ora.

Fare un bagnomaria, inserire il sottovuoto e impostare su 135 F. Rimuovere i sacchetti dal frigorifero e immergerli nel bagnomaria. Imposta il timer per 1 ora.

Una volta che il timer si è fermato, rimuovere e aprire i sacchetti. Metti una padella a fuoco medio, aggiungi l'olio d'oliva. Una volta che si è riscaldato, aggiungere l'anatra e rosolare fino a quando la pelle non si sarà staccata e la carne sarà dorata. Rimuovere e lasciare riposare per 3 minuti e poi affettare. Servire.

Anatra all'arancia

Prep + Tempo di cottura: 12 ore 7 minuti + Tempo di raffreddamento | Porzioni: 6

ingredienti

3 foglie di alloro

6 zampe d'oca

10 cucchiaini di sale

6 spicchi d'aglio, schiacciati

1 rametto di rosmarino fresco, senza gambo

1½ tazza di grasso d'oca

1 cucchiaino di pepe in grani

Scorza di 1 arancia

Indicazioni

Spennellate le cosce d'oca con aglio, sale, pepe in grani e rosmarino. Coprite e lasciate raffreddare in frigorifero per 12-24 ore. Preparare un bagnomaria e inserire il Sous Vide. Impostare a 172 F. Togliere l'oca dal frigorifero e asciugare tamponando con carta da cucina.

Mettere l'oca, il grasso d'oca, le foglie di alloro, il pepe in grani e la scorza d'arancia in un sacchetto sigillabile sottovuoto. Rilasciare l'aria con il metodo dello spostamento dell'acqua, sigillare e immergere la sacca nel bagnomaria. Cuocere per 12 ore.

Una volta che il timer si è fermato, togliere l'oca dal sacchetto e pulire il grasso in eccesso. Riscaldare una padella a fuoco alto e rosolare l'oca per 5-7 minuti fino a renderla croccante.

Pasta di gamberetti al limone e formaggio

Tempo di preparazione + cottura: 55 minuti | Porzioni: 4

ingredienti

2 tazze di bietole tritate

6 cucchiai di burro

½ tazza di parmigiano

2 spicchi d'aglio, tritati

1 limone, la scorza e il succo

1 cucchiaio di basilico fresco, tritato

Sale e pepe nero qb

1 cucchiaino di fiocchi di peperone rosso

1 ½ libbra di gamberetti, sgusciati, con la coda

8 once di pasta a scelta

Indicazioni

Preparare un bagnomaria e inserire il Sous Vide. Impostato su 137 F.

Riscaldare una pentola a fuoco medio e unire il burro, la bietola, 1/4 tazza di pecorino romano, l'aglio, la scorza e il succo di limone, il basilico, il sale, il pepe nero e i fiocchi di peperoncino. Cuocere per 5 minuti finché il burro non si sarà sciolto. Mettere da parte.

Mettere i gamberi in un sacchetto sigillabile sottovuoto e versarvi il composto di limone. Agitare bene. Rilasciare l'aria con il metodo dello spostamento dell'acqua, sigillare e immergere la sacca nel bagnomaria. Cuocere per 30 minuti.

Nel frattempo cuocere la pasta secondo le istruzioni sulla confezione. Scolatela e mettetela nella pentola. Una volta che il timer si è fermato, rimuovere il sacchetto e trasferirlo nella pentola per la pasta. Cuocere per 3-4 minuti. Completare con il restante pecorino e servire.

Halibut con Sherry Dolce e Glassa di Miso

Tempo di preparazione + cottura: 50 minuti | Porzioni: 4

ingredienti

1 cucchiaio di olio d'oliva

2 cucchiai di burro

⅓ tazza di sherry dolce

⅓ tazza di miso rosso

¼ di tazza di mirin

3 cucchiai di zucchero di canna

2½ cucchiai di salsa di soia

4 filetti di halibut

2 cucchiai di scalogno tritato

2 cucchiai di prezzemolo fresco tritato

Indicazioni

Preparare un bagnomaria e inserire il Sous Vide. Impostare a 134 F. Riscaldare il burro in una casseruola a fuoco medio-basso. Mescolare lo sherry dolce, il miso, il mirin, lo zucchero di canna e la salsa di soia per 1 minuto. Mettere da parte. Lasciar raffreddare. Metti l'halibut in 2 sacchetti sigillabili sottovuoto. Rilasciare l'aria con il metodo dello spostamento dell'acqua, sigillare e immergere i sacchetti nel bagnomaria. Cuocere per 30 minuti.

Una volta che il timer si è fermato, rimuovere l'halibut dai sacchetti e asciugarlo tamponando con carta da cucina. Riserva i succhi di cottura. Scaldare una casseruola a fuoco vivace e versarvi il sugo di cottura. Cuocere fino a ridurlo della metà.

Scaldare l'olio d'oliva in una padella a fuoco medio e trasferire i filetti. Rosolare per 30 secondi ogni lato fino a quando non diventa croccante. Servire il pesce e condire con la glassa al miso. Guarnire con scalogno e prezzemolo.

Salmone croccante con glassa allo zenzero dolce

Tempo di preparazione + cottura: 53 minuti | Porzioni: 4

ingredienti

½ tazza di salsa Worcestershire

6 cucchiai di zucchero bianco

4 cucchiai di mirin

2 spicchi d'aglio piccoli, tritati

½ cucchiaino di amido di mais

½ cucchiaino di zenzero fresco grattugiato

4 filetti di salmone

4 cucchiaini di olio vegetale

2 tazze di riso cotto, per servire

1 cucchiaino di semi di papavero tostati

Indicazioni

Preparare un bagnomaria e inserire il Sous Vide. Impostato su 129 F.

Unisci la salsa Worcestershire, lo zucchero, il mirin, l'aglio, la maizena e lo zenzero in una pentola calda a fuoco medio. Cuocere per 1 minuto fino a quando lo zucchero non si sarà sciolto. Riserva

1/4 tazza di salsa. Lasciar raffreddare. Mettere i filetti di salmone in 2 buste sigillabili sottovuoto con la restante salsa. Rilasciare l'aria con il metodo dello spostamento dell'acqua, sigillare e immergere i sacchetti nel bagnomaria. Cuocere per 40 minuti.

Una volta che il timer si è fermato, rimuovere i filetti dai sacchetti e asciugarli tamponando con carta da cucina. Riscaldare una casseruola a fuoco medio e cuocere la tazza di salsa per 2 minuti fino a quando non si sarà addensata. Scaldare l'olio in una padella. Rosolare il salmone per 30 secondi per lato. Servire il salmone con salsa e semi di papavero.

Agrumi Con Salsa Di Cocco

Tempo di preparazione: 1 ora 57 minuti | Porzioni: 6

ingredienti

2 cucchiai di olio vegetale

4 pomodori, pelati e tritati

2 peperoni rossi, tagliati a dadini

1 cipolla gialla, tagliata a dadini

½ tazza di succo d'arancia

¼ di tazza di succo di lime

4 spicchi d'aglio, tritati

1 cucchiaino di semi di cumino, schiacciati

1 cucchiaino di cumino in polvere

1 cucchiaino di pepe di cayenna

½ cucchiaino di sale

6 filetti di merluzzo, senza pelle, tagliati a cubetti

14 once di latte di cocco

¼ di tazza di cocco grattugiato

3 cucchiai di coriandolo fresco tritato

Indicazioni

Preparare un bagnomaria e inserire il Sous Vide. Impostato su 137 F.

Unire in una ciotola il succo d'arancia, il succo di lime, l'aglio, i semi di cumino, il cumino, il pepe di Caienna e il sale. Spennellare i filetti con la miscela di lime. Coprite e lasciate raffreddare in frigo per 1 ora.

Nel frattempo, scaldare l'olio in una casseruola a fuoco medio e aggiungere i pomodori, i peperoni, la cipolla e il sale. Cuocere per 4-5 minuti finché non si saranno ammorbiditi. Versare il latte di cocco sul composto di pomodoro e cuocere per 10 minuti. Mettere da parte e lasciare raffreddare.

Togliere i filetti dal frigo e metterli in 2 buste sigillabili sottovuoto con la miscela di cocco. Rilasciare l'aria con il metodo dello spostamento dell'acqua, sigillare e immergere i sacchetti nel bagnomaria. Cuocere per 40 minuti. Una volta che il timer si è fermato, rimuovere i sacchetti e trasferire il contenuto in una ciotola da portata. Guarnire con il cocco grattugiato e il coriandolo. Servire con riso.

Tilapia croccante con salsa all'acero senape

Tempo di preparazione + cottura: 65 minuti | Porzioni: 4

ingredienti

2 cucchiai di sciroppo d'acero

6 cucchiai di burro

2 cucchiai di senape di Digione

2 cucchiai di zucchero di canna

1 cucchiaio di prezzemolo

1 cucchiaio di timo

2 cucchiai di salsa di soia

2 cucchiai di aceto di vino bianco

4 filetti di tilapia, con la pelle

Indicazioni

Preparare un bagnomaria e inserire il Sous Vide. Impostato su 114 F.

Scalda una casseruola a fuoco medio e aggiungi 4 cucchiai di burro, senape, zucchero di canna, sciroppo d'acero, salsa di soia, aceto, prezzemolo e timo. Cuocere per 2 minuti. Mettere da parte e lasciar raffreddare per 5 minuti.

Mettere i filetti di tilapia in un sacchetto sigillabile sottovuoto con salsa d'acero. Rilasciare l'aria con il metodo dello spostamento dell'acqua, sigillare e immergere la sacca nel bagnomaria. Cuocere per 45 minuti.

Una volta che il timer si è fermato, rimuovere i filetti e asciugarli tamponando con carta da cucina. Riscaldare il burro rimanente in una padella a fuoco medio e rosolare i filetti per 1-2 minuti.

Pesce spada con senape

Tempo di preparazione + cottura: 55 minuti | Porzioni: 4

ingredienti

2 cucchiai di olio d'oliva

2 bistecche di pesce spada

Sale e pepe nero qb

½ cucchiaino di senape di Coleman

2 cucchiaini di olio di sesamo

Indicazioni

Preparare un bagnomaria e posizionarvi sopra il sottovuoto. Impostare a 104 F. Condire il pesce spada con sale e pepe. Mescolare bene l'olio d'oliva e la senape. Mettere il pesce spada in un sacchetto richiudibile sottovuoto con il mix di senape. Rilasciare l'aria con il metodo dello spostamento dell'acqua. Lasciar riposare in frigo per 15 minuti. Sigilla e immergi la borsa nel bagnomaria. Cuocere per 30 minuti.

Scalda l'olio di sesamo in una padella a fuoco alto. Una volta che il timer si è fermato, rimuovere il pesce spada e asciugarlo tamponando con carta da cucina. Scartare i succhi di cottura.

Trasferire nella padella e rosolare per 30 secondi per lato. Tagliate a fettine il pesce spada e servite.

Tortillas di Pesce Piccante

Tempo di preparazione + cottura: 35 minuti | Porzioni: 6

ingredienti

⅓ tazza di panna da montare

4 filetti di halibut, senza pelle

1 cucchiaino di coriandolo fresco tritato

¼ di cucchiaino di fiocchi di peperone rosso

Sale e pepe nero qb

1 cucchiaio di aceto di sidro

½ cipolla dolce, tritata

6 tortillas

Lattuga iceberg sminuzzata

1 pomodoro grande, a fette

Guacamole per guarnire

1 lime, tagliato in quarti

Indicazioni

Preparare un bagnomaria e inserire il Sous Vide. Impostato su 134 F.

Unisci i filetti con il coriandolo, i fiocchi di peperone rosso, il sale e il pepe. Mettere in un sacchetto sigillabile sottovuoto. Rilasciare l'aria con il metodo dello spostamento dell'acqua, immergere la borsa nella vasca da bagno. Cuocere per 25 minuti.

Nel frattempo, mescola l'aceto di sidro, la cipolla, il sale e il pepe. Mettere da parte. Una volta che il timer si è fermato, rimuovere i filetti e asciugarli tamponando con carta da cucina. Usando una fiamma ossidrica e rosolare i filetti. Taglia a pezzi. Mettere il pesce sopra la tortilla, aggiungere la lattuga, il pomodoro, la panna, il composto di cipolle e il guacamole. Guarnire con il lime.

Tonno al Basilico

Tempo di preparazione + cottura: 45 minuti | Porzioni: 5

ingredienti

6 cucchiai di olio d'oliva

4 bistecche di tonno

Sale e pepe nero qb

Scorza e succo di 1 limone

2 spicchi d'aglio, tritati

1 cucchiaino di basilico fresco tritato

Indicazioni

Preparare un bagnomaria e posizionarvi sopra il sottovuoto. Impostare a 126 F. Condire il tonno con sale e pepe. Mescola 4 cucchiai di olio d'oliva, il succo e la scorza di limone, l'aglio e il basilico. Mettere in due buste sigillabili sottovuoto con la marinata agli agrumi. Rilasciare l'aria con il metodo dello spostamento dell'acqua, sigillare e immergere i sacchetti nel bagnomaria. Cuocere per 35 minuti.

Una volta che il timer si è fermato, rimuovere il tonno e asciugarlo tamponando con carta da cucina. Riserva i succhi di cottura. Scaldare l'olio d'oliva in una padella a fuoco vivace e cuocere il tonno per 1 minuto per lato. Trasferite in un piatto e irrorate con il sugo di cottura. Da servire con il riso.

Insalata di pesce spada e patate con olive Kalamata

Tempo di preparazione + cottura: 3 ore 5 minuti | Porzioni: 2

ingredienti

Patate

3 cucchiai di olio d'oliva

1 libbra di patate dolci

2 cucchiaini di sale

3 rametti di timo fresco

Pesce

1 cucchiaio di olio d'oliva

1 bistecca di pesce spada

Sale e pepe nero qb

1 cucchiaino di olio di canola

insalata

1 tazza di spinaci baby in foglie

1 tazza di pomodorini, tagliati a metà

¼ di tazza di olive Kalamata, tritate

1 cucchiaio di olio d'oliva

1 cucchiaino di senape di Digione

3 cucchiai di aceto di sidro

¼ di cucchiaino di sale

Indicazioni

Per fare le patate: preparare un bagnomaria e inserire il Sous Vide. Impostato su 192 F.

Mettere le patate, l'olio d'oliva, il sale marino e il timo in un sacchetto sigillabile sottovuoto. Rilasciare l'aria con il metodo dello spostamento dell'acqua, sigillare e immergere la sacca nel bagnomaria. Cuocere per 1 ora e 15 minuti. Una volta che il timer si è fermato, rimuovere la borsa e non aprirla. Mettere da parte.

Per fare il pesce: fare un bagnomaria e inserire il Sous Vide. Impostare a 104 F. Condire il pesce spada con sale e pepe. Mettere in un sacchetto sigillabile sottovuoto con l'olio d'oliva. Rilasciare l'aria con il metodo dello spostamento dell'acqua, sigillare e immergere la sacca nel bagnomaria. Cuocere per 30 minuti.

Scaldare l'olio di canola in una padella a fuoco alto. Rimuovere il pesce spada e asciugarlo tamponando con carta da cucina. Eliminare i succhi di cottura. Trasferire il pesce spada nella padella e cuocere per 30 secondi per lato.

Tagliate a fette e coprite con pellicola trasparente. Mettere da parte.

Infine, prepara l'insalata: in un'insalatiera, aggiungi i pomodorini, le olive, l'olio d'oliva, la senape, l'aceto di sidro, il sale e mescola bene. Aggiungi gli spinaci baby. Rimuovere le patate e tagliarle a metà.

Scartare i succhi di cottura. Completare l'insalata con patate e pesce spada per servire.

Salmone Affumicato

Tempo di preparazione + cottura: 1 ora e 20 minuti | Porzioni: 3

Ingredienti:

3 filetti di salmone, senza pelle

1 cucchiaio di zucchero

2 cucchiaini di paprika affumicata

1 cucchiaino di senape in polvere

Indicazioni:

Preparare un bagnomaria, inserire il Sous Vide e impostarlo a 115 F. Condire il salmone con 1 cucchiaino di sale e metterlo in un sacchetto con cerniera. Mettete in frigo per 30 minuti.

In una ciotola, mescola lo zucchero, il sale affumicato, il sale rimanente e la senape in polvere e mescola per unire. Togli il salmone dal frigo e strofina con la polvere di monaco.

Mettere il salmone in un sacchetto sigillabile sottovuoto, rilasciare l'aria con il metodo dello spostamento dell'acqua e sigillare il sacchetto. Immergere nel bagnomaria e impostare il timer per 45 minuti. Una volta che il timer si è fermato, rimuovere il sacchetto e aprirlo. Rimuovere il salmone e asciugarlo tamponando con un canovaccio da cucina. Mettere una padella antiaderente a fuoco medio, aggiungere il salmone e rosolarlo per 30 secondi. Servire con un contorno di verdure al vapore.

CPSIA information can be obtained
at www.ICGtesting.com
Printed in the USA
LVHW081814010621
689062LV00015B/1746

9 781802 904383